JN000429

ホームベーカリーの

大活躍レシピ

松尾美香

成美堂出版

はじめに

　パン作りのおもしろさは、材料はほとんど同じでも分量や製法が違う
と、味の違うパンになることです。それがホームベーカリーで作れてし
まうなんて、すごいですよね。
　私のパン作りは材料と作り方を合わせてレシピと考えていることがほ
とんどですが、ホームベーカリーでは作り方を変えることができません。
言い方を変えると材料さえしっかりしていれば、誰が作っても同じもの
ができるのです。

こんなパンが作れるなんて驚くかな？
「このパン作って」とリクエストしてもらえるかな？

この本を手に取ってくれた人のうれしそうな顔や笑い声を想像しながら
のレシピ作りは、とても楽しかったです。

　ホームベーカリーはケースに材料を入れて、スイッチを押すと自動的
にでき上がります。でも、そこに思いを込めると焼き上がりが違うんで
す。ケースに材料を入れるときは愛情も一緒に。ケースから出すときは、
食べるときの笑顔を想像してください。
　さあ、一緒に楽しく作っていきましょう。

松尾美香

Contents

PART 1 白い食パン

もちもち食パン
p.12

ハードトースト
p.14

ホテルブレッド
p.16

はちみつ食パン
p.18

湯種食パン
p.20

サンドイッチ用
食パン
p.22

高加水の
食パン
p.24

国産小麦の
食パン
p.26

PART 2 粉を味わう食パン

オートミール
ブレッド
p.28

セモリナの
食パン
p.30

ふすまの
食パン
p.32

米粉の
食パン
p.34

胚芽
食パン
p.36

ビアブロート
p.38

コーングリッツ
ブレッド
p.40

ライ麦の
食パン
p.42

パン・オ・セレアル
p.44

PART 3 おやつになる食パン

コーヒーチョコ
ブレッド
p.46

ブリオッシュ
p.48

バナナ食パン
p.50

レーズン食パン
p.52

チョコの
渦巻き食パン
p.54

ピーナッツクリーム
食パン
p.56

セサミ
ブレッド
p.58

抹茶マーブル
食パン
p.60

フィンランド風
シナモンロール
ブレッド
p.62

ブリオッシュ・
オランジュ
p.64

コーヒーマーブル
食パン
p.66

PART 4 食事とお酒に合う食パン

かぼちゃ食パン
p.68

パン・ド・ミ・
メランジェ
p.70

くるみ食パン
p.72

トマト食パン
p.74

オリーブ食パン
p.76

ナッツ&
チーズ&ペッパーの
食パン
p.78

コーンクリーム
食パン
p.80

4種のレーズン
食パン
p.82

ベーコンと
コーンの食パン
p.84

じゃがいも
食パン
p.86

PART 5 成形するパン

成形するパン作りで知っておきたいこと　97

バゲット
p.94

カンパーニュ
p.98

カンパーニュ・オ・
フリュイ
p.100

リュスティック
p.102

ベーコンエピ
p.104

バターロール
p.106

オニオンベーコン
ロール
p.108

ウインナー
パン
p.110

チーズパン
p.112

りんごパン
p.114

コーン
マヨパン
p.116

ミルク
フランス
p.118

ミルク
ハース
p.120

Column 1

酒粕酵母のパン

酒粕酵母の作り方 90

酒粕酵母の
食パン
p.88

酒粕酵母の
きな粉甘納豆
食パン
p.88

酒粕酵母の
栗チョコ
食パン
p.89

酒粕酵母の
よもぎあんロール
食パン
p.89

Column 2

短時間で作れるパン

ビザ生地2種
p.122

グリッシーニ2種
p.124

ピタパン
p.126

この本の使い方

✻材料は水を含めて重量(g)で表示し、ごく少量使うものは小さじ(5㎖)で表示しています。

✻塩は粗塩、特に指定のない場合の砂糖は上白糖、バターは食塩不使用、ドライイーストはインスタントドライイーストを使用しています。

✻冷水は氷水程度の温度(5℃)の水を指し、氷は除いて計量します。

✻水以外の水分、バターは冷たい状態で使います。

✻この本で使用しているホームベーカリーはパナソニックSD-SB1です。機能や使い方については付属の取扱説明書を参考にしてください。レシピ中のメニュー番号は他の機種では異なるため、 食パン 、 食パン/混ぜあり 、 ソフト食パン 、 アレンジパン （生地作り）、 米粉パン/小麦入り 、 パン生地 という名称を目安に選択してください。

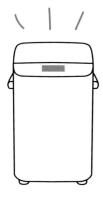

ホームベーカリーを
もっと使いこなそう!

材料をセットしてスタートボタンを押すだけで、おいしいパンができるホームベーカリー。
いつものレシピでいつもの味もいいけれど、ホームベーカリーの機能が
進化するにつれて、作れるパンの世界がどんどん広がっています。
初心者もヘビーユーザーも、まだ食べたことのないおいしいパンを作ってみませんか。

メニューを選んで好みのパンを作りましょう

＊メニューの番号は機種によって異なるため、囲み線のある名称を目安にしてください。

食パン	メニュー1

材料をセットしたら、自動で焼き上げるコースです。

| ソフト食パン | メニュー3、
| 米粉パン/小麦入り | メニュー11も同様です。

パンケースに材料を入れて本体にセットし、イースト
を容器に入れ、メニュー1を選んでスタートします。

≫

焼き上がったらすぐにパンケース
から出します。

食パン/混ぜあり	メニュー2

具入りやマーブルの食パンが作れます。
具材投入のタイミングで
羽根が3分間停止する間に作業をします。

具材投入のタイミングでレーズン
を加えます。

≫

**4種のレーズン
食パン**
(→p.82)

生地の半分を取り出し、残りの生
地に抹茶を混ぜます。

≫

**抹茶マーブル
食パン**
(→p.60)

この本で使用している機種

この本のレシピはパナソニックのホームベーカリー「SD-SB1（1斤タイプ）」を使って考案されました。この機種はドライイーストの自動投入機能はありますが、具材の自動投入機能はありません。他の機種や他のメーカーのホームベーカリーを使うときは、機能や使い方で異なる部分もあるため、取扱説明書をよく読んでから作ってください。

基本の計量

粉やバターなどはもちろん、水や牛乳、溶き卵などの液体も容量ではなく重さで正確に量ります。塩やドライイーストの計量は0.1g単位で量れるデジタルスケールが必要です。材料をパンケースに加えながら追加計量をすると、入れすぎたときに取り返しがつきません。必ずそれぞれ量ってからパンケースに入れましょう。

アレンジパン　メニュー10

ロール食パンが作れます。
ピッピッと鳴ったら生地を取り出し、15分以内に作業をし、羽根をはずしたパンケースに戻します。

ピッピッと鳴ったら生地を取り出し、巻いてから戻します。

**チョコの
渦巻きパン**
（→p.54）

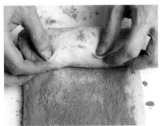

生地をのばしてシナモンを巻き、パンケースに戻します。

**フィンランド風
シナモンロール**
（→p.62）

パン生地　メニュー15

材料をセットしたら、自動でパン生地が作れます。
生地を成形して二次発酵させ、オーブンで焼きます。

カンパーニュ
（→p.98）

生地を成形して二次発酵させ、オーブンで焼きます。

りんごパン
（→p.114）

りんごを生地で包み、二次発酵させてから焼きます。

この本で使う基本の材料と道具

材料

強力粉・準強力粉
強力粉はイーグルやカメリヤ、準強力粉はリスドォルを使っています。銘柄によって吸水率などが異なるため、慣れるまではこれらの銘柄を使うことをおすすめします。

全粒粉
パン用の小麦全粒粉、ライ麦全粒粉(中挽き)を使用。丸ごと挽いた粉なので風味がパンにはっきり出ます。ざっくりした口当たりも特徴です。

米粉
和菓子用など米粉は種類が多く、粉のきめが違うので、必ずパン用を使ってください。

その他の粉
左からロースト小麦胚芽、小麦ふすま、コーングリッツ、デュラムセモリナ粉。穀類の種類や加工法が異なり、風味や食感に個性があります。

油脂類
使っているバターは食塩不使用です。バターと生クリームは、必ず冷蔵庫から出してすぐの冷たい状態で使います。オリーブ油やラード(豚脂・左から2番め)は独特の風味をパンに与えます。

乳製品
乳由来のコクや風味、甘みをパンに与えます。牛乳は冷たい状態で使います。

✳ 牛乳を使うパンを予約するときは
時間をおくと傷む心配があるため、牛乳の重量の1/10をスキムミルクに、9/10を水に替えて作ってください。

ドライイースト
インスタントドライイーストを使用。この本では略してドライイーストと表記しています。0.1gの差でも仕上がりに響くので、正確に計量してください。

塩
塩は粗塩を使用しています。

砂糖
特に指定のない場合は上白糖を使用。

水
季節にかかわらず氷水程度の温度(約5℃)の水を使います。氷を入れて冷やす場合、計量時は氷を除きます。

✳ 水分は冷たい状態で
水、牛乳、生クリーム、ジュースなどの水分や溶き卵は、すべて必ず冷たい状態でパンケースに入れます。

具材・スパイス

シリアル
左からオートミール、ライフレーク、シードミックス。水分を吸収させてから使うと生地になじみやすくなります。

ココア、抹茶、コーヒー
左からココアパウダー(無糖)、製菓用抹茶、インスタントコーヒー。お茶用の抹茶は製菓用と比べ、パンの中にダマが残ることがあります。

ナッツ
右上から時計回りにくるみ、ヘーゼルナッツ、ピスタチオナッツ、マカダミアナッツ　アーモンド、カシューナッツ。生のものはローストしてから水に浸すと、生地になじみやすくなります。

ドライフルーツ
右上から時計回りにレーズン、オレンジピール、カレンズ、グリーンレーズン、クランベリー、サルタナレーズン。硬いものは水に浸してやわらかくして使います。

スパイス
右上から時計回りにローズマリー、ブラックペッパー、ホワイトペッパー、ピンクペッパー、バジル、クミンシード。パンの味わいのアクセントに使います。

道具 ＊ 食パン/混ぜあり や アレンジパン で生地を扱うときに使います。

打ち粉と茶こし
打ち粉は生地がつかないように茶こしで台や生地にふったり、手につけたり(手粉)します。準強力粉または強力粉を使います

カード
パンケースから生地を取り出したり、生地を分割するときに使用。

めん棒
ロール食パンなどで生地をのばすときに使います。凹凸のあるめん棒はガス抜きにもなります。

きめが細かくてモッチモチ。
毎日でも食べ飽きないおいしさです。

もちもち食パン

材料（1斤分）　　　　　パンケース　　　　　イースト容器

A 強力粉 … 250g

　砂糖 … 20g

　塩 … 4.5g

　スキムミルク … 10g

　冷水 … 180g

　バター … 20g

ドライ
イースト
1.8g

作り方

① パンケースに**A**を入れて本体にセットし、イーストを容器に入れる。

② **メニュー1** 食パン 、**焼き色／標準**を選択し、**スタート**する。

食べ方のヒント
バタートーストにレモンの皮を
すりおろしてかけると、爽やかなおいしさ！

最高のトーストのための食パン。
ザクザク食べる心地よさがクセになります。

ハードトースト

材料（1斤分）　　　　　　パンケース　　　　　　　イースト容器

A 強力粉 … 200g
　準強力粉 … 50g
　砂糖 … 15g
　塩 … 4.5g
　スキムミルク … 10g
　冷水 … 190g
　バター … 25g

ドライ
イースト
2.4g

作り方

① パンケースに**A**を入れて本体にセット
し、イーストを容器に入れる。

② **メニュー1** 食パン 、**焼き色／濃**を選
択し、スタートする。

食べ方のヒント
角切りのトーストをグリーンサラダに混ぜて
パンサラダに。

水を使わない、とってもリッチな配合。
とろけるような食感で優雅な気分に。

ホテルブレッド

材料（1斤分）　　　　　パンケース　　　　　イースト容器

A 強力粉 … 250g
　砂糖 … 25g
　塩 … 4.5g
　溶き卵 … 10g
　生クリーム（乳脂肪35%）
　　　… 200g
　コンデンスミルク … 40g
　バター … 15g

ドライ
イースト
2.2g

作り方

① パンケースに**A**を入れて本体にセット
し、イーストを容器に入れる。

② **メニュー1 食パン 、焼き色／標準**を
選択し、スタートする。

＊温度変化で品質が変わりやすい生クリームを使うた
め、予約はできません。

> memo1
> 卵、生クリームは冷蔵庫から出してすぐ使ってくだ
> さい。
>
> memo2
> 焼き上がりはやわらかいので寝かせて冷まし、完全
> に冷めてから切ります。

食べ方のヒント
アイスクリームをのせれば、
うっとりするようなおやつに。

しっとりした口当たりとやさしい甘さ。
こんがり焼けた耳もすごくおいしいのです。

はちみつ食パン

材料（1斤分）　　　　　　パンケース　　　　　　イースト容器

A 強力粉 … 250g
　塩 … 4.5g
　はちみつ … 55g
　冷水 … 150g
　バター … 25g

ドライ
イースト
2.5g

作り方

① パンケースに**A**を入れて本体にセットし、イーストを容器に入れる。

② メニュー1 食パン 、焼き色／濃を選択し、スタートする。

memo
焼き上がりはやわらかいので寝かせて冷まし、完全に冷めてから切ります。

食べ方のヒント
クリームチーズとくるみをのせると満足感が違います。

湯で溶いた小麦粉（湯種）を加えると、
もっちりモチモチ、食べごたえ抜群です。

20

湯種食パン
（ゆだね）

材料（1斤分）　　　　　　パンケース　　　　　　イースト容器

A 強力粉 … 40g
　　熱湯 … 40g
B 強力粉 … 220g
　　砂糖 … 15g
　　塩 … 4.5g
　　冷水 … 160g
　　バター … 20g

ドライ
イースト
2.5g

作り方

① Aを混ぜ合わせ、完全に冷ます。

② パンケースにB、①を入れて本体にセットし、イーストを容器に入れる。

③ メニュー1 [食パン] 、焼き色／標準を選択し、スタートする。

〉 **食べ方のヒント**
〉 縁に切り目を入れて内側をへこませ、
〉 卵、ピザ用チーズ、パセリを入れてトースト！

水分は100％牛乳！
やさしい味わいともっちり食感で具を引き立てます。

サンドイッチ用食パン

材料（1斤分）　　　　パンケース　　　　イースト容器

A 強力粉 … 250 g
　　砂糖 … 10 g
　　塩 … 4.5 g
　　牛乳 … 200 g
　　バター … 15 g

ドライ
イースト
2.5 g

作り方

1 パンケースに **A** を入れて本体にセット
し、イーストを容器に入れる。

2 **メニュー1** 食パン 、**焼き色／標準**を
選択し、スタートする。

＊予約する場合は、牛乳をスキムミルクと冷水に置き換
えます（→p.10）。

食べ方のヒント
耳を切り落としたら、
トーストしてスープに添えましょう。

高加水パン特有のしっとり感とモチモチ感！
生地を休ませてから作る、本格派のレシピです。

高加水の食パン

材料（1斤分）　　　　　パンケース　　　　　イースト容器

A 強力粉 … 200g
| 冷水 … 200g
B 強力粉 … 50g
| 砂糖 … 15g
| 塩 … 4.5g
| バター … 15g

ドライ
イースト
1.8g

準備

保存容器に**A**を入れて混ぜ合わせ、
冷蔵庫で8時間おく。

作り方

① パンケースに準備した**A**、**B**を入れて本
体にセットし、イーストを容器に入れる。

② メニュー1 食パン 、焼き色／濃を選
択し、スタートする。

> memo1
> 高加水とは粉に対して水分が多い配合です。生地が
> 大変やわらかいため扱いが難しいのですが、ホーム
> ベーカリーならおまかせで作れます。

> memo2
> 粉と水を混ぜて休ませる工程はオートリーズ法と呼
> ばれ、フランスパンの技術のひとつです。

> memo3
> 焼き上がりはやわらかいので寝かせて冷まし、完全
> に冷めてから切ります。

食べ方のヒント
卵＋牛乳＋粉チーズに浸した
塩味のフレンチトーストはいかが。

砂糖やスキムミルクを使わないシンプルな配合。
目の詰んだしっとりしたパンになります。

国産小麦の食パン

材料（1斤分）　　　　　　パンケース　　　　　　イースト容器

A 強力粉（キタノカオリ）… 250g
　塩 … 4.6g
　冷水 … 180g
　バター … 15g

ドライ
イースト
3.0g

作り方
① パンケースに**A**を入れて本体にセット
し、イーストを容器に入れる。

② メニュー3 ソフト食パン 、焼き色／
濃を選択し、スタートする。

memo
国産の小麦粉は外国産に比べグルテンの成分が少な
いため、ふくらみにくい反面、目の詰んだパンにな
ります。

食べ方のヒント
きんぴらごぼうなどの
和のおかずサンドもおすすめ。

軽くザクッとした口当たりがオートミールの風合い。
熱湯でふやかしてからホームベーカリーに入れます。

28

オートミールブレッド

材料（1斤分）　　　　　パンケース　　　　　　イースト容器

A オートミール … 60g
｜ 熱湯 … 60g
B 強力粉 … 220g
｜ 砂糖 … 18g
｜ 塩 … 4.5g
｜ 冷水 … 145g
｜ バター … 15g

ドライ
イースト
2.5g

作り方

1 Aのオートミールに分量の熱湯を加え
（写真a）、完全に冷ます。

2 パンケースにB、**1**を入れて本体にセットし、イーストを容器に入れる。

3 メニュー1 食パン 、焼き色／標準を選択し、スタートする。

> **memo**
> オートミールは押し麦状に加工したオーツ麦。鉄分や食物繊維が豊富なヘルシー食材です。

a

パスタの原料に使われるセモリナ。
きれいな黄色とサックリした食感が楽しめます。

セモリナの食パン

材料（1斤分）　　　　パンケース　　　　イースト容器

A 強力粉 … 200g
　準強力粉 … 50g
　デュラムセモリナ粉 … 80g
　砂糖 … 15g
　塩 … 5g
　冷水 … 170g
　オリーブ油 … 40g
　ローズマリー（ドライ）
　　… 小さじ1と½

ドライ
イースト
2.0g

作り方

❶ パンケースに **A** を入れて本体にセットし、イーストを容器に入れる。

❷ **メニュー1** ［**食パン**］、**焼き色／標準**を選択し、スタートする。

食べ方のヒント
ぜひオリーブ油をつけて。
料理に添えるパンにも最適です。

ふすまと全粒粉入りで食物繊維がたっぷり。
どっしりとした食べごたえが特徴です。

ふすまの食パン

材料（1斤分）	パンケース	イースト容器
	A 強力粉 … 170g 小麦ふすま(→p.10) … 80g 全粒粉 … 20g 砂糖 … 15g 塩 … 4.5g 冷水 … 175g ラード(→p.10) … 25g	ドライ イースト 3.0g

作り方

❶ パンケースに**A**を入れて本体にセットし、イーストを容器に入れる。

❷ **メニュー1** 食パン 、**焼き色／標準**を選択し、スタートする。

> **memo**
> 小麦ふすまは小麦の外皮や胚芽を含む表皮のこと。
> 栄養価が高く、パンにざっくりした食感を与えます。

きめが細かく、しっとりした口当たり。
口溶けのよさもピカイチです。

食べ方のヒント
あんこを米粉パンにオン！
絶妙なおいしさです。

米粉の食パン

材料（1斤分）　　　　　　パンケース　　　　　　イースト容器

A 強力粉 … 220g
　製パン用米粉(→p.10)
　　… 80g
　砂糖 … 15g
　塩 … 5g
　冷水 … 180g
　バター … 20g

ドライ
イースト
3.0g

作り方

❶ パンケースに**A**を入れて本体にセット
し、イーストを容器に入れる。

❷ メニュー11 | 米粉パン/小麦入り | 、**焼き**
色／濃を選択し、スタートする。

> **memo**
> 製パン用米粉は米を微細な粉末にしたもの。米特有
> のほのかな甘みとしっとりした食感が特徴。

胚芽の香ばしさにすっかり魅了されるはず。
フワッと軽い口当たりも人気です。

胚芽食パン

材料（1斤分）	パンケース	イースト容器
	A 強力粉 … 220g 　ロースト小麦胚芽（→p.10） 　　… 30g 　砂糖 … 18g 　塩 … 4.5g 　冷水 … 180g 　バター … 20g	ドライ イースト 2.0g

作り方

❶ パンケースに**A**を入れて本体にセットし、イーストを容器に入れる。

❷ **メニュー1 食パン 、焼き色／標準**を選択し、スタートする。

> **食べ方のヒント**
> サンドイッチならツナ＆セロリなど
> 香りのある具材がベストマッチ。

黒ビールやラードを使う、個性的なドイツ風パン。
ホームベーカリーでここまで！と驚く本格派。

ビアブロート

材料（1斤分）	パンケース	イースト容器
	A ライフレーク（→p.11）… 50 g	
	熱湯 … 50 g	
	B 強力粉 … 210 g	ドライ
	ライ麦全粒粉・中挽き（→p.10）	イースト
	… 40 g	2.5 g
	砂糖 … 12 g	
	塩 … 4.5 g	
	黒ビール（ギネス）… 170 g	
	ラード（→p.10）… 20 g	

作り方

1 Aのライフレークに分量の熱湯を加え
（写真a）、1時間おく。

2 パンケースにB、**1**を入れて本体にセッ
トし、イーストを容器に入れる。

3 メニュー1 食パン 、焼き色／標準を
選択し、スタートする。

＊ ビールは冷たい状態で使います。ビールが入るので
予約はできません。

a

挽き割りにしたコーンの黄色が食欲をそそります。
ザックリ粗い口当たりもグリッツならでは。

コーングリッツブレッド

材料（1斤分）	パンケース	イースト容器
	A 強力粉 … 240g 　コーングリッツ（→p.10） 　　… 50g 　砂糖 … 15g 　塩 … 5g 　冷水 … 200g 　バター … 30g	ドライ イースト 2.5g

作り方

❶ パンケースに**A**を入れて本体にセットし、イーストを容器に入れる。

❷ メニュー1 食パン 、焼き色／標準を選択し、スタートする。

> **memo**
> コーングリッツはとうもろこしの胚乳だけを挽き割りにしたもの。ザクザクした食感が特徴です。食感が多少変わりますが、より細かなコーンミールでもOK。

重くなりすぎず、ライ麦の風味が楽しめる配合。
後入れのバターがおいしさの鍵です。

食べ方のヒント
ライ麦パンの野性的な風味が
はちみつとよく合います。

ライ麦の食パン

材料（1斤分）	パンケース	イースト容器	具材
			バター … 20g
	A 強力粉 … 200g		
	ライ麦全粒粉・中挽き（→p.10）　… 75g	ドライイースト 3.0g	
	砂糖 … 10g		
	塩 … 4.5g		
	スキムミルク … 18g		
	冷水 … 170g		
	バター … 20g		

作り方

① パンケースに**A**を入れて本体にセットし、イーストを容器に入れる。

② **メニュー2** 食パン/混ぜあり 、焼き色／標準を選択し、スタートする。

③ 具材投入のタイミングで4つに切った冷たいバターを加える（写真**a**）。

> **memo**
> 具材の自動投入ができる機種でも、後入れしてください。

a

いろいろな種類の雑穀を混ぜたヘルシーな食パン。
ナッツのようなコクとサクッとした食感が特徴。

パン・オ・セレアル

材料（1斤分）	パンケース	イースト容器
	A 強力粉 … 150g 準強力粉 … 50g 全粒粉(→p.10) … 50g シードミックス … 50g 砂糖 … 15g 塩 … 4.5g 冷水 … 190g バター … 15g	ドライ イースト 2.0g

作り方

❶ パンケースにAを入れて本体にセット
し、イーストを容器に入れる。

❷ メニュー1 食パン 、焼き色／標準を
選択し、スタートする。

> memo
> シードミックスはひまわりの種、ごま、アマニ、オ
> ートミールの市販ミックスです。

粉糖をかけると、見た目も味もケーキ！
ヘーゼルナッツ入りのリッチな食パンです。

コーヒーチョコブレッド

材料（1斤分）　　　パンケース　　　　　　　　イースト容器　　　具材

A 強力粉 … 220g
　全粒粉（→p.10）… 30g
　砂糖 … 35g
　塩 … 4.5g
　スキムミルク … 15g
　インスタントコーヒー
　　　… 大さじ2
　冷水 … 150g
　溶き卵 … 25g
　バター … 30g

ドライ
イースト
2.5g

チョコチップ … 70g
ヘーゼルナッツ … 50g

作り方

❶ パンケースに A を入れて本体にセット
し、イーストを容器に入れる。

❷ **メニュー2** 食パン/混ぜあり 、焼き色
/**標準**を選択し、スタートする。

❸ ヘーゼルナッツは160℃に予熱したオー
ブンで10分間ローストし、10分間ひたひた
の水に浸けてからキッチンペーパーで水けを
拭き、5〜8mm角に刻む。

❹ 具材投入のタイミングでチョコチップと
❸を加える。

✳ 傷む可能性のある卵を使うので、予約はできません。

卵とバターをふんだんに使う、最もリッチな生地。
サクサクしてサッと消える口溶けのよさ！

ブリオッシュ

材料（1斤分）　　　パンケース　　　　　　　　イースト容器　　　具材

バター … 40g

A 強力粉 … 230g
　 砂糖 … 40g
　 塩 … 4g
　 溶き卵 … 175g
　 バター（4つに切る）… 40g

ドライ
イースト
1.8g

作り方

❶ パンケースに A を入れて本体にセット
し、イーストを容器に入れる。

❷ メニュー2 食パン/混ぜあり 、焼き色
/標準を選択し、スタートする。

❸ 具材投入のタイミングで、2cm角に切っ
た冷たいバターを加える（写真a）。

＊ 傷む可能性のある卵を使うので、予約はできません。

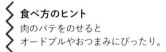
食べ方のヒント
肉のパテをのせると
オードブルやおつまみにぴったり。

a

49

香りと甘みがまさしくバナナ！
ミルクたっぷりで子どもにもオススメ。

バナナ食パン

材料（1斤分）　　パンケース　　　　　　イースト容器

A 強力粉 … 250g
　　砂糖 … 25g
　　塩 … 4.5g
　　バナナ（皮をむき、ざっと折る）
　　　 … 120g
　　牛乳 … 140g
　　溶き卵 … 20g
　　バター … 20g

ドライ
イースト
3.0g

作り方

❶ パンケースに **A** を入れて本体にセットし、イーストを容器に入れる。

❷ **メニュー1** 食パン 、**焼き色／標準**を選択し、スタートする。

＊ 傷む可能性のある卵を使うので、予約はできません。

卵入りの生地にレーズンをどっさり！
トーストするとおいしさが際立ちます。

52

レーズン食パン

材料（1斤分）　　　**パンケース**　　　　　　　　**イースト容器**　　**具材**

レーズン … 100g

A 強力粉 … 250g
　 砂糖 … 25g
　 塩 … 4.5g
　 冷水 … 100g
　 溶き卵 … 70g
　 バター … 35g

ドライ
イースト
2.5g

作り方

❶ パンケースに **A** を入れて本体にセット
し、イーストを容器に入れる。

❷ メニュー2 ［食パン/混ぜあり］、焼き色
／標準を選択し、スタートする。

❸ レーズンはひたひたの水に10分間浸し、
キッチンペーパーで水けを拭く。

❹ 具材投入のタイミングで、❸を加える。

＊ 傷む可能性のある卵を使うので、予約はできません。

15分で渦巻きを作って戻して焼きます！
渦巻きの形がどう出るか、それもお楽しみ。

54

チョコの渦巻き食パン

材料（1斤分）

パンケース	イースト容器	具材
A 強力粉 … 250g	ドライ	ココアパウダー(無糖)
砂糖 … 30g	イースト	… 10g
塩 … 4.5g	3.0g	
牛乳 … 170g		
溶き卵 … 25g		
バター … 25g		

作り方

❶ パンケースに A を入れて本体にセットし、イーストを容器に入れる。

❷ メニュー10 アレンジパン 、焼き色／標準を選択し、スタートする。

❸ 約55分後にピッピッと鳴ったら、手粉(強力粉)をつけて生地を取り出し、打ち粉をした台に置く。

❹ 生地を2等分し、一方にココアパウダーを加えて手のひらで押すようにして混ぜ込む(写真a)。それぞれ10×30cmくらいにのばす(写真b)。

❺ 白の生地に刷毛で水を塗り、ココアの生地を重ね、手前から巻く(写真c)。

❻ パンケースの羽根をはずし、❺の巻き終わりを下にして入れ(写真d)、再度スタートする。

✳ 傷む可能性のある卵を使うので、予約はできません。
✳ ❸〜❻の作業は15分以内に行います。

a

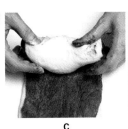
b

c

d

この味はあのピーナッツクリーム！
懐かしくておいしくて大好きになりそう。

ピーナッツクリーム食パン

材料（1斤分）　　　　**パンケース**　　　　　　　**イースト容器**

A 強力粉 … 235g

塩 … 4g

牛乳 … 140g

溶き卵 … 50g

ピーナッツクリーム … 135g

ドライ
イースト
2.0g

作り方

❶ パンケースに **A** を入れて本体にセット
し、イーストを容器に入れる。

❷ **メニュー1** 食パン 、**焼き色／標準**を
選択し、スタートする。

✻ 傷む可能性のある卵を使うので、予約はできません。

生地へのなじみがよいの
で、紙カップのピーナッツ
クリームを使ってください。

ごまの密度とプチプチ感に感激！
ほの甘くて香ばしく、日本茶にもぴったり。

セサミブレッド

材料（1斤分）　　　パンケース　　　　　　　イースト容器　　具材

　　　　　　　　　　　　　　　　　　　　　　　　　　　　いりごま（白または黒）
　　　　　　　　　　　　　　　　　　　　　　　　　　　　　… 35g

A 強力粉 … 250g
　砂糖 … 30g
　塩 … 4.5g
　冷水 … 180g
　バター … 30g

ドライ
イースト
2.5g

作り方

❶ パンケースに **A** を入れて本体にセット
し、イーストを容器に入れる。

❷ **メニュー2** ［食パン/混ぜあり］、**焼き色
／標準**を選択し、スタートする。

❸ 具材投入のタイミングでいりごまを加え
る。

マーブル模様はランダムに出るから、
切るときはワクワク、ドキドキ！

抹茶マーブル食パン

材料（1斤分）	パンケース	イースト容器	具材

B 製菓用抹茶（→p.11）
　　…8g
水…5g

A 強力粉…250g
　砂糖…30g
　塩…4.5g
　スキムミルク…10g
　冷水…140g
　溶き卵…25g
　バター…20g

ドライ
イースト
2.5g

Bをココアパウダー（無糖）
10g、水8gに替えると、チョコマーブル食パンになります。

作り方

❶ パンケースにAを入れて本体にセットし、イーストを容器に入れる。

❷ **メニュー2** 食パン/混ぜあり 、**焼き色/標準**を選択し、スタートする。

❸ Bを混ぜ合わせる。粉気が残っている状態でよい。

❹ 具材投入のタイミングで、手粉（強力粉）をつけて生地の半分弱を取り出し（写真a）、ボウルに入れる。

❺ パンケースに❸を加え（写真b）、再度スタートしてから3分30秒後に白い生地を戻す（写真c）。

＊ 傷む可能性のある卵を使うので、予約はできません。
＊ 白い生地を戻すタイミングなどで模様の出方は変わります。

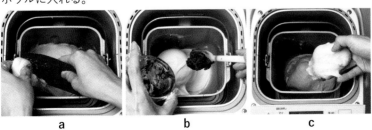

a　　　　　　　　b　　　　　　　　c

生地ができたら取り出し、巻いて戻せば、
シナモン香るロール食パンの完成！

フィンランド風シナモンロールブレッド

材料（1斤分）　　　パンケース　　　　　　　　イースト容器　　　具材

A 強力粉 … 250g
　砂糖 … 30g
　塩 … 4.5g
　スキムミルク … 10g
　カルダモンパウダー … 5g
　冷水 … 120g
　溶き卵 … 40g
　バター … 45g

ドライ
イースト
3.5g

B シナモンパウダー
　… 小さじ¾
　グラニュー糖
　… 小さじ1と½

作り方

❶ パンケースに A を入れて本体にセットし、イーストを容器に入れる。

❷ メニュー10 アレンジパン 、焼き色／標準を選択し、スタートする。

❸ 約55分後にピッピッと鳴ったら、手粉（強力粉）をつけて生地を取り出し、打ち粉をした台に置き、10×30cmくらいにのばす（写真 a）。

❹ B をふってカードで生地の端まで広げ、手前からゆるめに巻き（写真 b）、両端をつまんで留める（写真 c）。

❺ パンケースの羽根をはずし、❹の巻き終わりを下にして入れ（写真 d）、再度スタートする。

✳ 傷む可能性のある卵を使うので、予約はできません。
✳ ❸〜❺の作業は15分以内に行います。

a

b

c

d

オレンジの香りと味はジュースとピールから。
パンだけどお菓子を食べた気分です。

ブリオッシュ・オランジュ

材料（1斤分）　　　パンケース　　　　　　　　　イースト容器　　具材

A 強力粉 … 50g
　準強力粉 … 200g
　砂糖 … 28g
　塩 … 4.5g
　はちみつ … 10g
　溶き卵 … 85g
　オレンジジュース（果汁100%）
　　… 70g
　バター（5つに切る）… 50g

ドライ
イースト
2.8g

B バター … 25g
　刻みオレンジピール
　　… 50g
C 刻みオレンジピール
　　… 50g

作り方

❶ パンケースに A を入れて本体にセットし、イーストを容器に入れる。

❷ **メニュー2** 食パン/混ぜあり 、焼き色／標準を選択し、スタートする。B のバターを 2cm角に切り、冷やしておく。

❸ スタートして20分後（イースト自動投入のタイミング）に B のバター、B のオレンジピールを加える（写真 a）。

❹ 具材投入のタイミングで C を加える。

＊ 傷む可能性のある卵を使うので、予約はできません。
＊ オレンジジュースは冷たい状態で使います。

a

インスタントコーヒーを後入れするだけ。
簡単にマーブルになるからうれしい!

コーヒーマーブル食パン

材料（1斤分）　　パンケース　　　　　　イースト容器　　具材

A 強力粉 … 210 g

全粒粉（→p.10）… 40 g

砂糖 … 35 g

塩 … 4.5 g

スキムミルク … 10 g

冷水 … 150 g

バター … 25 g

ドライ
イースト
2.5 g

インスタントコーヒー
（フリーズドライ）
… 大さじ2

作り方

❶ パンケースに **A** を入れて本体にセット
し、イーストを容器に入れる。

❷ **メニュー2** 食パン/混ぜあり 、**焼き色**
/**標準**を選択し、スタートする。

❸ 具材投入のタイミングで何も加えずに再
度スタートさせ、そこから3分30秒後にイ
ンスタントコーヒーをパンケースの角3か所
に加える。

✱ コーヒーを加えるタイミングなどで模様の出方は変
わります。

鮮やかな色も甘みもかぼちゃならでは。
冷凍かぼちゃを使うから簡単です。

かぼちゃ食パン

材料（1斤分）	パンケース	イースト容器	具材
			かぼちゃ(冷凍)…90g
	A 強力粉…240g	ドライイースト 2.0g	
	砂糖…16g		
	塩…4.5g		
	スキムミルク…12g		
	冷水…110g		
	溶き卵…35g		
	バター…20g		

作り方

❶ かぼちゃは電子レンジ(600W)で2分加熱解凍し、皮を除いて完全に冷ます。正味80gを使用する。

❷ パンケースにA、❶を入れて本体にセットし、イーストを容器に入れる。

❸ メニュー1 食パン 、焼き色／標準を選択し、スタートする。

＊ 傷む可能性のある卵を使うので、予約はできません。

ドライフルーツとナッツがぎっしり！
一度食べると忘れられない、特別な美味。

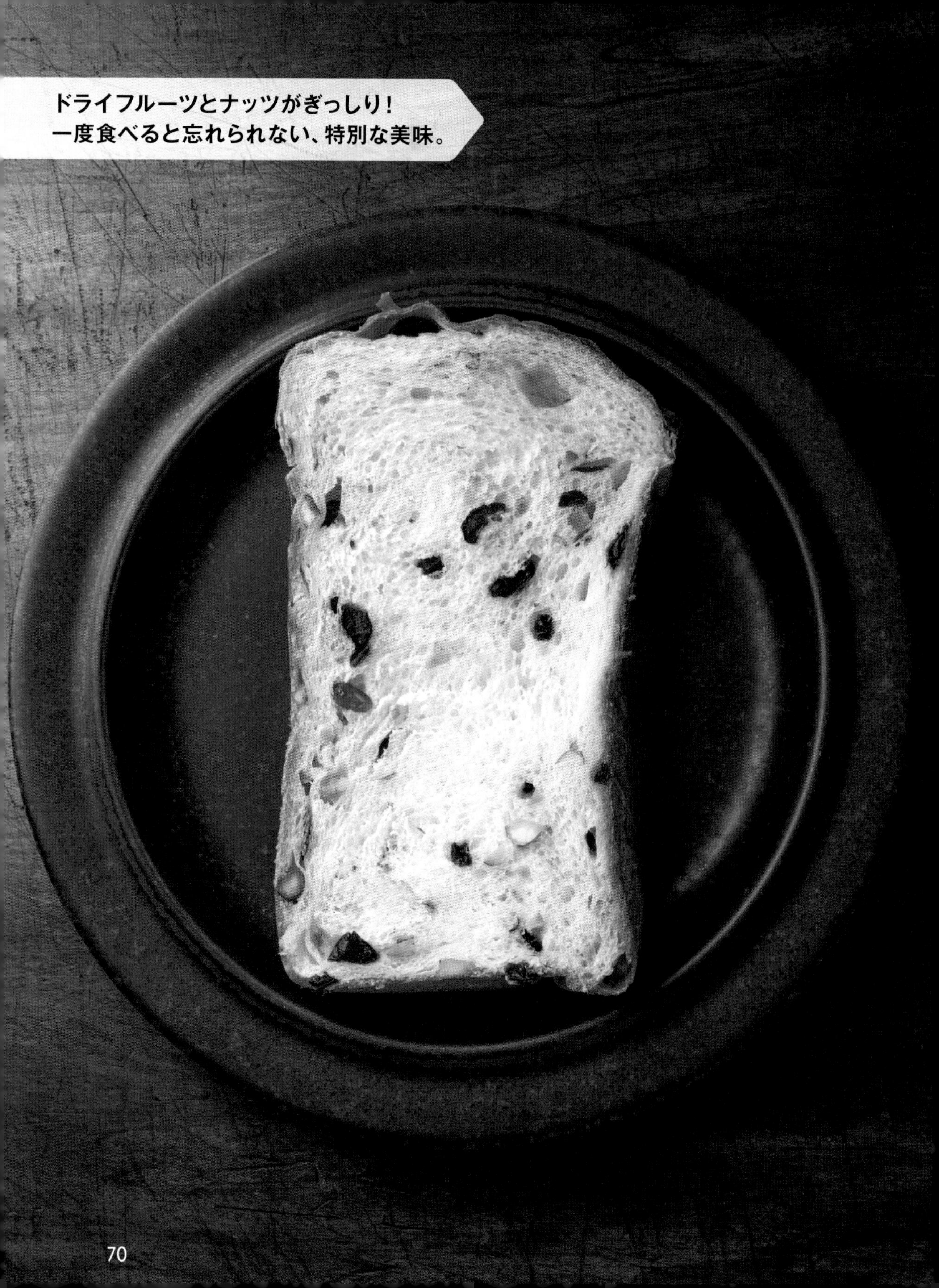

パン・ド・ミ・メランジェ

材料（1斤分）　　　　パンケース　　　　　　　　イースト容器　　　具材

A 強力粉 … 250g
　砂糖 … 25g
　塩 … 4.5g
　スキムミルク … 10g
　冷水 … 150g
　溶き卵 … 30g
　バター … 30g

ドライ
イースト
2.5g

クランベリー … 25g
カレンズ … 20g
刻みオレンジピール
　　… 20g
アーモンド … 30g
ピスタチオ … 5g

作り方

1 パンケースに **A** を入れて本体にセット
し、イーストを容器に入れる。

2 **メニュー2** 食パン/混ぜあり 、**焼き色
/標準**を選択し、スタートする。

3 クランベリーとカレンズは水に10分間
浸け、キッチンペーパーで水けを拭く。アー
モンドは160℃に予熱したオーブンで10分
間ローストし、ひたひたの水に10分間浸し、
水けを拭いて5mm角に刻む。

4 具材投入のタイミングで、**3**と残りの具
材を加える。

＊ 傷む可能性のある卵を使うので、予約はできません。

たっぷりのくるみに油脂はラード。
どっしりした食べごたえの食事パンです。

くるみ食パン

材料（1斤分）	パンケース	イースト容器	具材
			くるみ … 90g
	A 強力粉 … 200g 全粒粉(→p.10) … 50g 砂糖 … 18g 塩 … 4.5g 冷水 … 180g ラード(→p.10) … 15g	ドライ イースト 2.5g	

作り方

1 パンケースに **A** を入れて本体にセットし、イーストを容器に入れる。

2 メニュー2 食パン/混ぜあり 、焼き色／標準を選択し、スタートする。

3 くるみは160℃に予熱したオーブンで10分間ローストし、ひたひたの水に10分間浸け(写真**a**)、キッチンペーパーで水けを拭く。

4 具材投入のタイミングで**3**を加える(写真**b**)。

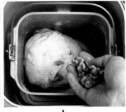

a   b

水分はトマトジュースだけ！
アクセントのバジルが食欲をそそります。

74

トマト食パン

材料（1斤分）　　　パンケース　　　　　　イースト容器

A 強力粉 … 250g
　砂糖 … 13g
　塩 … 4.5g
　バジル（ドライ）… 大さじ1
　トマトジュース（食塩不使用）
　　… 210g
　バター … 25g

ドライ
イースト
2.5g

作り方

❶ パンケースに A を入れて本体にセット
し、イーストを容器に入れる。

❷ メニュー1 食パン 、焼き色／標準を
選択し、スタートする。

＊ トマトジュースは冷たい状態で使います。

黒オリーブとオリーブ油が香る、大人の味わい。
エスプレッソにワイン。どちらも合います。

オリーブ食パン

材料（1斤分）	パンケース	イースト容器	具材
			オリーブ（黒・種抜き）… 60g
	A 強力粉 … 200g		
	準強力粉 … 50g	ドライ	
	砂糖 … 5g	イースト	
	塩 … 4g	2.0g	
	冷水 … 80g		
	オリーブの漬け汁 … 60g		
	オリーブ油 … 30g		

作り方

❶ パンケースに **A** を入れて本体にセット
し、イーストを容器に入れる。

❷ メニュー2 食パン/混ぜあり 、焼き色
/標準を選択し、スタートする。

❸ 具材投入のタイミングでオリーブを加え
る（写真**a**）。

> **memo1**
> オリーブは100g当たり食塩相当量2.0〜2.2gのもの
> を使用しています。2.3g以上の場合、塩を3.7gに減
> らしてください。
>
> **memo2**
> オリーブの漬け汁は冷たい状態で使います。ない場
> 合は、冷水に置き換えます。

a

一皿の料理のような味わい深いパン。
ペッパーが口中でプチッと弾けますよ。

78

ナッツ&チーズ&ペッパーの食パン

材料（1斤分）　　　　**パンケース**　　　　　　　　**イースト容器**　　　**具材**

A 強力粉 … 250g
　砂糖 … 15g
　塩 … 4.5g
　冷水 … 180g
　バター … 20g

ドライ
イースト
2.0g

カシューナッツ（生）… 50g
ピザ用チーズ … 40g
ホワイトペッパー（ホール）
　… 2g
ピンクペッパー（ホール）
　… 1g
ブラックペッパー（ホール）
　… 1g

作り方

1 パンケースに **A** を入れて本体にセット
し、イーストを容器に入れる。

2 **メニュー2** 食パン/混ぜあり 、焼き色
/標準を選択し、スタートする。

3 カシューナッツは160℃に予熱したオー
ブンで10分間ローストし、ひたひたの水に
10分間浸け、キッチンペーパーで水けを拭く。

4 具材投入のタイミングで、**3**と残りの具
材を加える。

水分はクリームタイプのコーンと牛乳。
濃厚なおいしさで栄養たっぷり。

コーンクリーム食パン

材料（1斤分）　　　**パンケース**　　　　　　　**イースト容器**

A 強力粉 … 230g
　砂糖 … 10g
　塩 … 4g
　牛乳 … 65g
　コーン（缶・クリームタイプ）
　　… 180g
　バター … 20g

ドライ
イースト
2.0g

作り方

① パンケースに **A** を入れて本体にセット
し、イーストを容器に入れる。

② **メニュー1** 食パン 、**焼き色／標準**を
選択し、スタートする。

＊ 傷む可能性のあるコーンを使うので、予約はできま
せん。
＊ コーンは冷やした状態で使います。

ぶどうパン好きに贈る、究極のレシピ。
甘み、酸味、香り、レーズンの個性が光ります。

4種のレーズン食パン

材料（1斤分）	パンケース	イースト容器	具材
	A 強力粉 … 250g 砂糖 … 12g 塩 … 4.5g 冷水 … 170g バター … 15g	ドライ イースト 2.5g	グリーンレーズン … 25g レーズン … 20g サルタナレーズン … 30g カレンズ … 25g

作り方

❶ パンケースに **A** を入れて本体にセットし、イーストを容器に入れる。

❷ **メニュー2** 食パン/混ぜあり 、焼き色／標準を選択し、スタートする。

❸ グリーンレーズンはひたひたの水に10分間浸し、キッチンペーパーで水けを拭く。

❹ 具材投入のタイミングで、❸ と残りの具材を加える(写真**a**)。

a

2種の具材がみっしり入ったお食事パン。
後入れで加えると形も味もはっきりします。

84

ベーコンとコーンの食パン

材料（1斤分）	パンケース	イースト容器	具材

具材

ベーコン（1×2cmに切る）
… 5枚分

コーン（缶・汁をきる）
… 65g

パンケース

A 強力粉 … 250g

砂糖 … 22g

塩 … 4.5g

冷水 … 135g

溶き卵 … 40g

バター … 20g

イースト容器

ドライ
イースト
2.0g

作り方

1 パンケースに **A** を入れて本体にセット
し、イーストを容器に入れる。

2 メニュー2 食パン/混ぜあり 、焼き色
／標準を選択し、スタートする。

3 具材投入のタイミングで、具材を加える。

＊ 傷む可能性のある卵を使うので、予約できません。

ゆでたじゃがいもがほどよくつぶれて美味。
クミンの風味が効いています。

じゃがいも食パン

| 材料（1斤分） | パンケース | イースト容器 | 具材 |

具材
じゃがいも（皮を除く）…70g
クミン（ホール）… 小さじ¾

パンケース
A 強力粉 … 250g
　砂糖 … 10g
　塩 … 5g
　じゃがいものゆで汁+水
　　… 160g
　粗挽き黒こしょう … 小さじ¾
　ラード（→p.10）… 20g

イースト容器
ドライ
イースト
2.0g

作り方

❶　じゃがいもは2cm角に切って小鍋（直径16cmくらい）に入れ、水140gを加えてゆでる。竹串が刺さるようになったら（写真**a**）、すぐにじゃがいもとゆで湯に分ける。ゆで湯は水を足して160gにし、それぞれ冷蔵庫で冷やす。

❷　パンケースに**A**を入れて本体にセットし、イーストを容器に入れる。

❸　メニュー2 食パン/混ぜあり 、焼き色／濃を選択し、スタートする。

❹　具材投入のタイミングで❶の冷やしたじゃがいもとクミンを加える（写真**b**）。

＊ 傷む可能性のあるじゃがいもを使うので、予約できません。

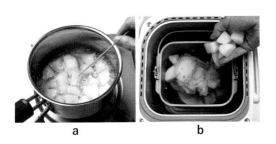

a　　　　　b

酒粕酵母のパン

市販の酒粕で自家製酵母を作ることができます。
でき上ったパンはほのかに酒粕の香りがし、うまみがあるのが特徴。
酵母だけではふくらませる力が足りないので、ドライイーストを併用します。

酒粕酵母の食パン
（作り方→p.90）

酒粕酵母の
きな粉甘納豆食パン
（作り方→p.91）

酒粕酵母の
栗チョコ食パン
（作り方→p.92）

酒粕酵母の
よもぎあんロール食パン
（作り方→p.93）

酒粕酵母の作り方

材料(でき上がり約250g分)
酒粕(板粕または練り粕)…50g
ぬるま湯(水道水使用)…200g
砂糖(きび砂糖、上白糖など)
　…6g

＊ 容量450mℓくらいのガラス瓶
を煮沸消毒して使います。
＊ 冷蔵庫で保存し、使うときは
よく混ぜてから計量します。1
か月ほど保存できますが、発酵
する力はだんだん弱くなります。

1 瓶に酒粕(板粕は細かくちぎ
る)、砂糖、ぬるま湯を入れ、
よく混ぜる。

2 暖かい場所に置き、朝晩1
回ずつふり、そのたびにふた
を開ける。

3 ふってふたを開けたときに
プシュッと音がすれば、でき
上がり。夏は3〜6日間、冬は
6〜8日間ほどで発酵する。

酒粕酵母の食パン (写真→p.88)

ほのかに香る、酒種パンのいい香り。
しっとりした口当たりの和の食パンです。

材料（1斤分）　　　パンケース　　　　　　　イースト容器

A 強力粉 … 250g
　砂糖 … 25g
　塩 … 4.5g
　酒粕酵母 … 75g
　冷水 … 100g
　バター … 20g

ドライ
イースト
2.5g

作り方

❶ パンケースに **A** を入れて本体にセット
し、イーストを容器に入れる。

❷ **メニュー1** ｜食パン｜、焼き色／標準を
選択し、スタートする。

酒粕酵母のきな粉甘納豆食パン _(写真→p.88)

きな粉を小麦粉のようにたっぷり使います。
日本茶を添えておやつにどうぞ。

材料（1斤分）　　　　パンケース　　　　　　　　イースト容器　　　具材

甘納豆(小粒)
… 100〜110g

A 強力粉 … 220g

きな粉 … 40g

砂糖 … 25g

塩 … 4.5g

酒粕酵母(→p.90) … 75g

冷水 … 115g

バター … 15g

ドライ
イースト
3.0g

作り方

1 パンケースに A を入れて本体にセット
し、イーストを容器に入れる。

2 メニュー2 [食パン/混ぜあり] 、焼き色
／標準を選択し、スタートする。

3 具材投入のタイミングで甘納豆を加える。

酒粕酵母の栗チョコ食パン (写真→p.89)

チョコ味に栗とマカダミアナッツ入り。
お菓子と呼びたいくらいリッチです。

材料（1斤分）	パンケース	イースト容器	具材

パンケース

A 強力粉 … 230g
　ココアパウダー(無糖) … 25g
　砂糖 … 28g
　塩 … 4.5g
　スキムミルク … 15g
　酒粕酵母(→p.90) … 75g
　冷水 … 90g
　溶き卵 … 25g
　バター … 25g

イースト容器

ドライ
イースト
3.0g

具材

栗の甘露煮 … 55g
マカダミアナッツ
　… 30g

作り方

❶ パンケースにAを入れて本体にセット
し、イーストを容器に入れる。

❷ メニュー2 食パン/混ぜあり 、焼き色
／標準を選択し、スタートする。

❸ 栗の甘露煮は縦半分に切る。マカダミア
ナッツは160℃に予熱したオーブンで10分
間ローストし、ひたひたの水に10分間浸け、
キッチンペーパーで水けを拭いて縦半分に切
る。

❹ 具材投入のタイミングで❸を加える。

＊ 傷む可能性のある卵を使うので、予約はできません。

酒粕酵母のよもぎあんロール食パン (写真→p.89)

こしあんを巻いた、和菓子のような食パン。
よもぎパウダーで色も香りも鮮やかに。

材料（1斤分）	パンケース	イースト容器	具材

こしあん … 100g

A 強力粉 … 250g
　よもぎパウダー … 7g
　砂糖 … 20g
　塩 … 4.5g
　酒粕酵母(→p.90) … 80g
　冷水 … 100g
　バター … 20g

ドライ
イースト
3.0g

作り方

❶ パンケースにAを入れて本体にセットし、イーストを容器に入れる。

❷ メニュー10 アレンジパン 、焼き色／標準を選択し、スタートする。

❸ 約55分後にピッピッと鳴ったら、手粉（強力粉）をつけて生地を取り出し、打ち粉をした台に置き、10×30cmくらいにのばす（写真a）。

❹ こしあんを生地の周囲1cm内側まで広げ（写真b）、カードを添えて手前から巻き（写真c）、巻き終わりと両端をつまんでとじる（写真d）。

❺ パンケースの羽根をはずし、❹の巻き終わりを下にして入れ、再度スタートする。

＊ ❸〜❺の作業は15分以内に行います。

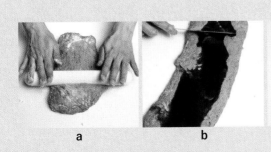

a　　　　b　　　　c　　　　d

ホームベーカリーでバゲットが作れたら…。
そんな夢を叶える、本格レシピに挑戦！

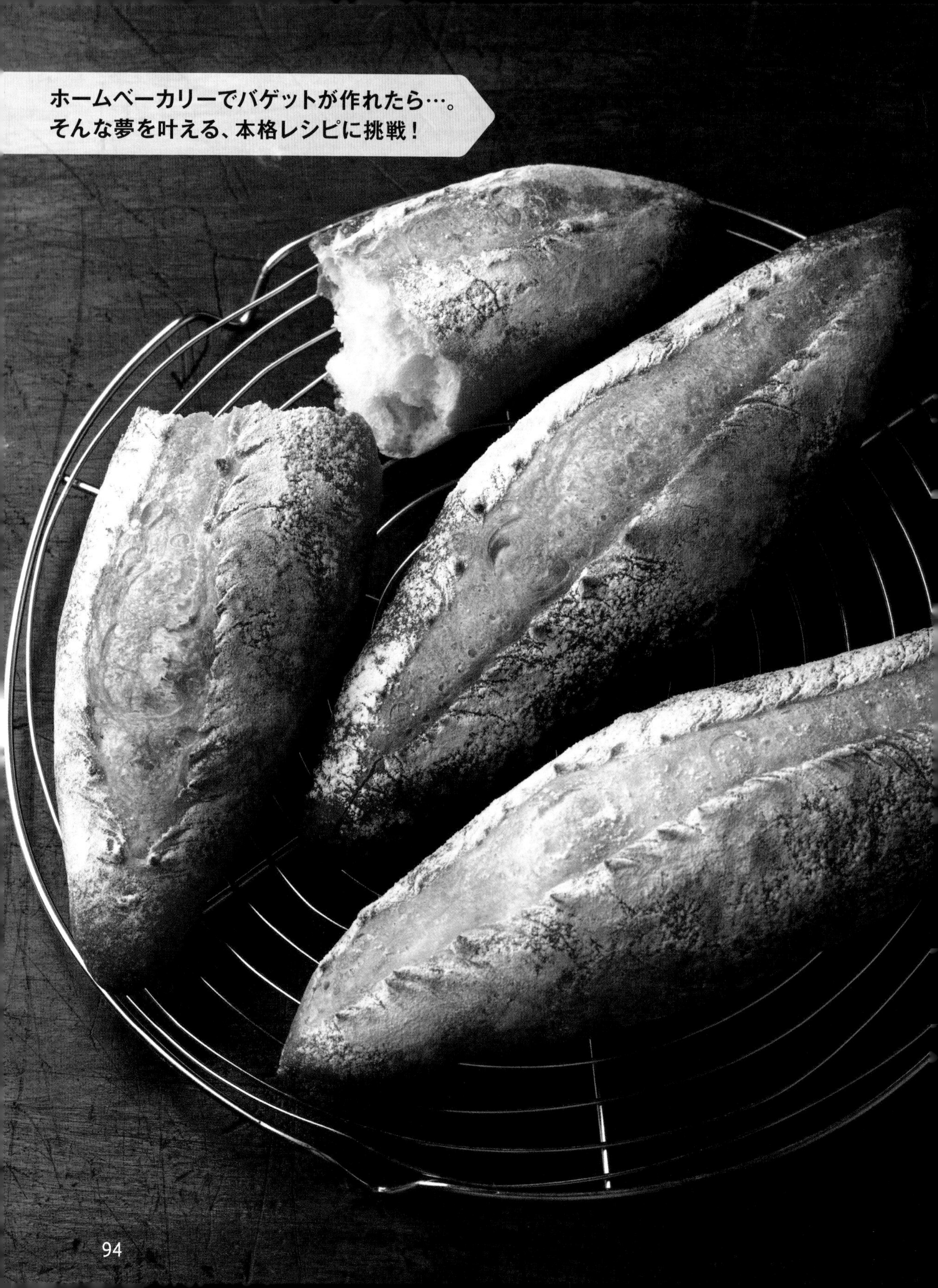

バゲット ＊気泡のないタイプです。

材料（3本分）	用意するもの	オーブン
A 準強力粉 … 200g 　塩 … 4g 　冷水 … 128g ドライイースト … 2.0g	打ち粉（準強力粉）、カード、 ダンボール（→p.97）、 クッキングシート、キャンバス地（→p.97）、 目玉クリップ2個、茶こし、ナイフ、 軍手（→p.97）、 マグネット1個、霧吹き	＊最高温度で40分以上温める （予熱機能は使わない） ＊天板を入れておく

準備

クッキングシートを30×15cm 3枚、30×40cm 1枚に切る。ダンボールにキャンバス地をのせ、
短辺の手前を2〜3cm山折りにして立たせ、両端をクリップ2個で固定する。

作り方

❶ パンケースに**A**を入れて本体にセットし、イーストを容器に入れる。**メニュー15** パン生地 を選択し、スタートする。

分割して休ませる

❷ 打ち粉をした台に、手粉をつけて生地を取り出し、カードで3分割する（1個110g・写真**a**）。対角線の頂点の生地を中心に持ってきて（写真**b**）、裏返し、ラップをふんわりかけて室温で15分間休ませる。

成形する

❸ 生地の両面に打ち粉をし、対角線で手前に折る（写真**c**）。手前の縁を親指で押さえて（写真**d**）ぐっと奥へ押し（写真**e**）、奥の生地を手前に折る。同じようにもう一回押して手前に折り、親指のつけ根で合わせ目をとじる（写真**f**）。

p.96に続く

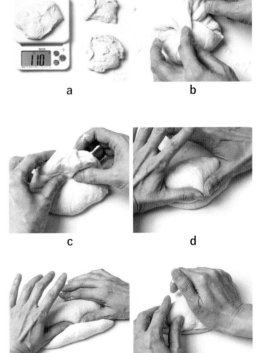

a

b

c

d

e

f

❹ 転がして両端を細くし(写真g)、長さ24cmほどにする。生地の合わせ目(写真h)を下にして細長く切ったクッキングシートにのせ、準備したキャンバス地に1本ずつ移しながら(写真i)、生地の間を山折りにし(生地より高く折る)、最後も山折りにして(写真j)形をキープする。

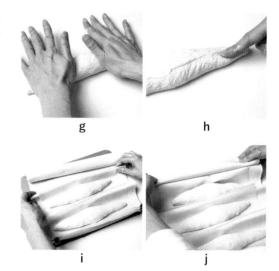

g

h

i

j

二次発酵させる

❺ ラップをふんわりかけて二次発酵(→p.97・35℃/30分)させる。

クープを入れて焼く

❻ クッキングシートごと生地を取り出し、2本はダンボールにのせる。3本に茶こしで打ち粉をふり(写真k)、ナイフを引くようにしてクープ(切り目)を入れる(写真l)。

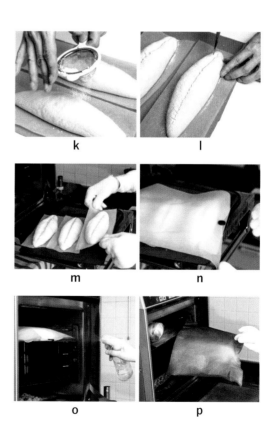

k

l

❼ 軍手をはめてオーブンから天板を取り出し、クッキングシートごと生地を移す(写真m)。残りのクッキングシートをかぶせ、風で飛ばないようにマグネットで天板につけ、オーブンに入れる(写真n)。霧吹きで天井に向けて霧を10回ほど吹きかけ(写真o)、最高温度で5分間焼いたらかぶせたクッキングシートをはずし(写真p)、240℃で8分間焼く。

m

n

✳ 天板はとても高温になっているので出し入れは気をつけてください。

o

p

成形するパン作りで知っておきたいこと

ホームベーカリーにやってもらうのは生地作りだけ。自分の手で成形し、オーブンで焼き上げます。

成形・発酵の流れ	ここがポイント！
❶ 生地を分割する	
❷ 10分間ほど休ませる	グルテンの働きが弱まって成形しやすくなります。
❸ 成形する	
❹ 二次発酵させる	発酵終了のタイミングを見極めます。 発酵機能のあるオーブンがあれば、指定の温度・時間で発酵させます。ない場合は、暖かい場所(予熱中のオーブンの近く、冬ならホットカーペットの上やこたつの中)に置きます。温度が低ければ発酵時間を長くします。発酵終了の目安は、指に打ち粉をつけ、生地の側面を軽く押したときに跡が残るか、またはゆっくり戻るくらい。 
❺ オーブンで焼く	指定の温度に予熱したオーブンで焼きます。 p.94〜103で紹介しているバゲットやカンパーニュ、リュスティックは焼き方にポイントがあります。パリッと焼き上げるには、オーブンを最高温度で40分間以上温めること。予熱機能を使用すると設定温度に達した後、温度が下がる場合があるので使用しないでください。天板も十分に熱しておくことが大切です。また、下記のような特別な道具も必要です。

ダンボール
天板のサイズに合わせて切ったダンボール。生地の移動や熱い天板に素早く生地を移すときに使います。

キャンバス地
バゲットを二次発酵させるときに使用。生地の形をキープするために、生地の間を山折りにします。天板の幅×55cmくらいが使いやすいサイズです。

ボウルとふきん
カンパーニュを二次発酵させるときに使用。ボウルは直径15cmが最適(直径18cmの場合はパンの高さが低くなります)。ざっくりした織りのふきんをボウルに敷き、生地を入れて形をキープします。

2組の軍手
オーブンや天板が高温になるので、二重にした軍手のほうがオーブンミトンより動きやすく安全です。

憧れの田舎パンが作れるなんて！
ボウルで発酵させるので成形は手軽です。

カンパーニュ

材料(直径約16cmの円形1個分)	用意するもの	オーブン
A 準強力粉 … 155g 　全粒粉(→p.10) … 25g 　ライ麦全粒粉・中挽き(→p.10) … 40g 　塩 … 4g 　冷水 … 155g ドライイースト … 2.0g	打ち粉(準強力粉)、カード、 直径15cmのボウルとふきん(→p.97)、 ダンボール(→p.97)、 クッキングシート、茶こし、 ナイフ、軍手(→p.97)、マグネット1個、 霧吹き	＊最高温度で40分以上温める (予熱機能は使わない) ＊天板を入れておく

準備

ボウルにふきんをかぶせ、茶こしで打ち粉をたっぷりふる。
クッキングシートを天板と同サイズ2枚に切り、1枚はダンボールの上に敷く。

作り方

❶ パンケースにAを入れて本体にセットし、イーストを容器に入れる。**メニュー15** `パン生地` を選択し、スタートする。

❷ 打ち粉をした台に、手粉をつけて生地を取り出し、軽く広げる。生地の中心に左手の親指を置き、奥の縁を中心まで持ってくる(写真a)。反時計回りに生地を回しながら、同じように縁を引き寄せる(写真b)。一周したら合わせ目をしっかりとじ、とじ目を上にして、準備したボウルにそっと入れる(写真c)。

❸ ふきんがくっつかないように生地の周りに打ち粉をふり、ふきんの四隅をかぶせ、二次発酵(→p.97・35℃/30分)させる。

❹ ふきんを広げ、クッキングシートを敷いたダンボールをボウルにかぶせ、素早く逆さまにし(写真d)、ボウルとふきんをそっとはずす。ナイフを引くようにして中心から十字にクープ(切り目)を入れる(写真e)。

❺ 軍手をはめてオーブンから天板を引き出し、ダンボールを近づけてクッキングシートごと滑らせるように移す。もう1枚のクッキングシートをかぶせ、風で飛ばないようにマグネットで天板につけ、オーブンに入れる。霧吹きで天井に向けて霧を10回ほど吹きかけ、最高温度で5分間焼いたらかぶせたクッキングシートをはずし、240℃で18分間焼く。

＊ 焼く時間は違いますが、焼き方はバゲットの❼(→p.96)と同じです。

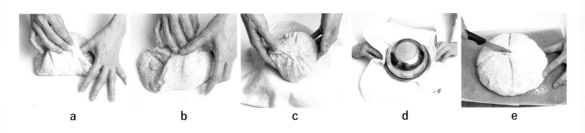

a　　　　　b　　　　　c　　　　　d　　　　　e

「こね」の途中でレーズンやベリーをプラス。
甘酸っぱさが魅力のおしゃれな田舎パンです。

カンパーニュ・オ・フリュイ

材料(直径約16cmの円形1個分)	用意するもの	オーブン
A 準強力粉 … 140g 　全粒粉(→p.10) … 30g 　ライ麦全粒粉・中挽き(→p.10) … 30g 　塩 … 3.5g 　冷水 … 140g ドライイースト … 2.0g レーズン … 30g グリーンレーズン … 10g クランベリー … 20g	打ち粉(準強力粉)、カード、 直径15cmのボウルとふきん(→p.97)、 ダンボール(→p.97)、 クッキングシート、茶こし、 ナイフ、軍手(→p.97)、マグネット、 霧吹き	＊最高温度で40分以上温める (予熱機能は使わない) ＊天板を入れておく

準備

ボウルにふきんをかぶせ、茶こしで打ち粉をたっぷりふる。
クッキングシートを天板と同サイズ2枚に切り、1枚はダンボールの上に敷く。

作り方

❶ グリーンレーズンとクランベリーはそれぞれひたひたの水に10分間浸け、キッチンペーパーで水けを拭く。

❷ パンケースにAを入れて本体にセットし、イーストを容器に入れる。**メニュー15** パン生地 を選択してスタートし、20分後(イースト投入の後)に❶とレーズンを加える。

❸ カンパーニュ(→p.99)の作り方❷～❹と同様にして作るが、焼いて具があふれないように、クープ(切り目)は短く浅めにランダムに入れる。

❹ カンパーニュの作り方❺と同様にしてオーブンに入れ、最高温度で5分焼いたらかぶせたクッキングシートをはずし、240℃で20分間焼く。

> **食べ方のヒント**
> 肉のテリーヌをのせて
> オードブルにいかが

フランスパンを初めて作る人におすすめ。
ざっくり成形すればいいので気軽です。

102

リュスティック

材料(4個分)	用意するもの	オーブン
A 準強力粉 … 200g 　　塩 … 4g 　　冷水 … 140g ドライイースト … 2.0g	打ち粉(準強力粉)、カード、 クッキングシート、ラップ、 ダンボール(→p.97)、 茶こし、ナイフ、軍手(→p.97)、 マグネット1個、霧吹き	＊最高温度で予熱する ＊天板を入れておく

準備
クッキングシートは天板と同じサイズに2枚切り、1枚はダンボールにのせる。

作り方

❶ パンケースに**A**を入れて本体にセットし、イーストを容器に入れる。**メニュー15** パン生地 を選択し、スタートする。

❷ 打ち粉をした台に、手粉をつけて生地を取り出し、ざっと3つ折り(写真**a**)にしてから、90度回してさらに3つ折りにし、上下を返す。カードで横に2分割し(写真**b**)、さらに縦に2分割する。準備したダンボールに並べ(写真**c**)、ラップをふんわりかけて二次発酵(→p.97・35℃/30分)させる。

❸ 茶こしで打ち粉をふり、ナイフを引くようにしてクープ(切り目)を入れる(写真**d**)。

❹ 軍手をはめて予熱した天板を引き出し、ダンボールを近づけてクッキングシートごと滑らせるように移し、もう1枚のクッキングシートをかぶせてマグネットで天板につける。霧吹きでオーブンの天井に向けて霧を10回ほど吹きかけ、最高温度で5分間焼いたらかぶせたクッキングシートをはずし、240℃で8分間焼く。

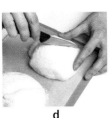

a　　　　b　　　　c　　　　d

ちぎって食べるのが楽しい、塩けのあるパン。
ハサミで切って麦の穂の形にします。

ベーコンエピ

材料（2本分）	用意するもの	オーブン
A 準強力粉 … 200g 　砂糖 … 4g 　塩 … 3.5g 　冷水 … 125g ドライイースト … 1.0g ベーコン … 4枚	打ち粉（準強力粉）、カード、 スケール、ラップ、めん棒、 クッキングシート、ハサミ	＊200℃に予熱する

準備
クッキングシートを30×15cm 2枚に切る。

作り方

❶ パンケースに**A**を入れて本体にセットし、イーストを容器に入れる。**メニュー15** パン生地 を選択し、スタートする。

❷ 打ち粉をした台に、手粉をつけて生地を取り出し、軽く押してガス抜きし、カードで2分割（1個約160g）する（写真**a**）。ゆるく巻き、巻き終わりを上にしてさらにひと巻きし（写真**b**）、ラップをふんわりかけて室温で10分間休ませる（写真**c**）。

❸ 打ち粉をし、生地をベーコン2枚の大きさにめん棒でのばす。横長に置き、ベーコンを少し重ねてのせ、手前から巻き（写真**d**）、巻き終わりをつまんでとじる。

❹ 巻き終わりを下にし、準備したクッキングシートにのせて天板に移す。ハサミで斜めに切り込みを入れて左右に倒し（写真**e**）、ラップをふんわりかけて二次発酵（→p.97・35℃/30分）させる。

❺ 200℃のオーブンで15分間焼く。

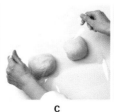

a　　　　b　　　　c　　　　d　　　　e

ふっくら、こんがり、つやつや！
このおいしさは自慢したくなりますよ。

106

バターロール

材料（6個分）	用意するもの	オーブン
A 強力粉 … 200g	打ち粉(強力粉)、カード、スケール、	＊180℃に予熱する
砂糖 … 15g	めん棒、クッキングシート、	
塩 … 3.5g	ラップ、刷毛	
スキムミルク … 10g		
冷水 … 120g		
溶き卵 … 20g		
バター … 20g		
ドライイースト … 2.0g		
溶き卵 … 適量		

作り方

❶ パンケースにAを入れて本体にセットし、イーストを容器に入れる。**メニュー15** パン生地 を選択し、スタートする。

❷ 打ち粉をした台に、手粉をつけて生地を取り出し、軽く押してガス抜きし、カードで約65gに6分割して丸める。ラップをふんわりかけて室温で10分間休ませる。

❸ 打ち粉をし、手で押して生地を円形にし、イラストのように2回折り、とじ目をつまんで留める(写真a)。

❹ 生地を転がして片端を細くし(写真b)、めん棒でのばして幅広の端からゆるく巻く(写真c)。クッキングシートを敷いた天板に巻き終わりを下にして並べ、ラップをふんわりかけて二次発酵(→p.97・35℃/30分)させる。

❺ 溶き卵を塗り(写真d)、180℃のオーブンで13分間焼く。

a　　　　　　b　　　　　　c　　　　　　d

チーズとベーコンの香りがたまりません。
ちょっと焦げたところも香ばしくて。

オニオンベーコンロール

材料(直径約10cm・6個分)

A 強力粉 … 150g
　砂糖 … 15g
　塩 … 2.5g
　冷水 … 90g
　溶き卵 … 10g
　バター … 15g

ドライイースト … 2.0g

玉ねぎ … 70g
ベーコン … 2枚
粉チーズ … 適量

用意するもの

打ち粉(強力粉)、カード、
めん棒、ラップ、
アルミカップ(8号)

オーブン

＊180℃に予熱する

作り方

❶ パンケースに**A**を入れて本体にセット
し、イーストを容器に入れる。**メニュー15**
パン生地 を選択し、スタートする。

❷ 玉ねぎは繊維に沿って薄切りにし、耐熱
容器に入れてラップをかけ、電子レンジ(600
W)で2分加熱する。冷まして水けをきり、
塩とこしょう(分量外)を少し多めにふる。ベ
ーコンは5mm幅に切る。

❸ 打ち粉をした台に、手粉をつけて生地を
取り出し、軽く押してガス抜きする。手前か
らゆるく巻き(写真**a**)、巻き終わりを上にし
て90度回してさらにひと巻きする(写真**b**)。ラ
ップをふんわりとかけて室温で10分間休ま
せる。

❹ 打ち粉をし、めん棒で30×25cmにのば
す(写真**c**)。**❷**を散らしてゆるめに巻き(写真**d**)、
巻き終わりをしっかり閉じる。カードで6等
分に切り、アルミカップにのせて切り口を少
し広げる(写真**e**)。

❺ 天板に並べ、ラップをふんわりかけて二
次発酵(→p.97・35℃/30分)させる。

❻ 粉チーズをふり、180℃のオーブンで
13分間焼く。

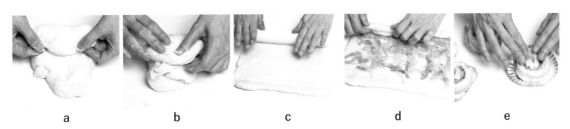

a　　　　b　　　　c　　　　d　　　　e

ちぎって食べやすい形で子どもに大人気。
ふわっとやわらかい胚芽入りのパンです。

110

ウインナーパン

材料（8個分）	用意するもの	オーブン
	打ち粉（強力粉）、カード、 めん棒、クッキングシート、 ラップ、ハサミ	＊180℃に予熱する

A 強力粉 … 150g
　　ロースト小麦胚芽（→p.10）
　　　… 15g
　　砂糖 … 10g
　　塩 … 2.8g
　　冷水 … 120g
　　バター … 15g

ドライイースト … 2.0g

ウインナーソーセージ … 8本

作り方

❶ パンケースにAを入れて本体にセット
し、イーストを容器に入れる。**メニュー15**
　パン生地　を選択し、スタートする。

❷ 打ち粉をした台に、手粉をつけて生地を
取り出し、軽く押してガス抜きし、カードで
8分割し（1個約40g・写真**a**）、丸める。ラップ
をふんわりかけて室温で10分間休ませる（写
真**b**）。

❸ 打ち粉をして生地をめん棒で縦7cm、横
はウインナーより2cm長くのばし、ウインナ
ーを包んでとじ（写真**c**）、クッキングシートを
敷いた天板に並べる。ハサミで4～5か所ウ
インナーまで切り込みを入れ、切り目を少し
広げる（写真**d**）。ラップをふんわりかけて二
次発酵（→p.97・35℃/30分）させる。

❹ 180℃のオーブンで12分間焼く。

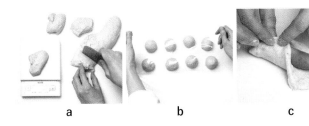

a　　　　　　b

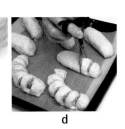

c　　　　　　d

かわいい丸パンにチーズをたっぷり。
準強力粉だから表面がパリッと香ばしい。

112

チーズパン

材料（6個分）	用意するもの	オーブン
A 準強力粉 … 200g 砂糖 … 3g 塩 … 3.5g 冷水 … 125g ドライイースト … 2.0g プロセスチーズ（1cm角に切る）… 100g	打ち粉（準強力粉）、カード、スケール、めん棒、クッキングシート、ラップ、茶こし	＊250℃に予熱する

作り方

❶ パンケースに**A**を入れて本体にセットし、イーストを容器に入れる。**メニュー15** パン生地 を選択し、スタートする。

❷ 打ち粉をした台に、手粉をつけて生地を取り出し、軽く押してガス抜きし、カードで6分割して丸める（1個約55g・写真**a**）。ラップをふんわりかけ、室温で10分間休ませる。

❸ 打ち粉をし、めん棒で直径8cmにのばし、チーズを⅙量ずつ包み（写真**b**）、しっかりととじる。クッキングシートを敷いた天板にとじ目を下にして並べ、ラップをふんわりかけて二次発酵（→p.97・35℃/30分・写真**c**）させる。

❹ 茶こしで打ち粉をふり、250℃のオーブンに入れ、霧吹きで天井に向けて霧を10回ほど吹きかけて（→p.96の❼）5分間焼き、200℃に下げて10分間焼く。

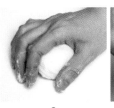
a

b

c

プレゼントにしたいほどかわいいパン！
レンチンしたりんごを詰めます。

114

りんごパン

材料(6個分)	用意するもの	オーブン
A 強力粉 … 150g	打ち粉(強力粉)、カード、	＊180℃に予熱する
砂糖 … 10g	スケール、めん棒、ラップ、	
塩 … 2g	マフィン型(直径7cm)または	
スキムミルク … 8g	厚手のアルミカップ(8号)、	
冷水 … 80g	刷毛	
溶き卵 … 20g		
バター … 15g		

ドライイースト … 1.8g

りんご … ½〜1個
砂糖 … 30g
棒状のクッキー、溶き卵 … 各適量

作り方

❶ パンケースにAを入れて本体にセットし、イーストを容器に入れる。**メニュー15** 　パン生地　 を選択し、スタートする。

❷ りんごは皮と芯を除いてくし形に切ってから薄切りにし、耐熱容器に入れて砂糖をふり、ふんわりラップをかけ、電子レンジ(600W)で2分加熱する。冷まして水けをよくきる。

❸ 打ち粉をした台に、手粉をつけて生地を取り出し、軽く押してガス抜きし、カードで6分割して丸める(1個約45g)。ラップをふんわりかけて室温で10分間休ませる(写真a)。

❹ 打ち粉をし、めん棒で直径9〜10cmにのばし、❷を等分に包み(写真b)、しっかりとじる(写真c)。バター(分量外)を塗ったマフィン型にとじ目を下にして入れ(写真d)、ラップをふんわりかけて二次発酵(→p.97・35℃/30分)させる。

❺ 溶き卵を塗り、クッキーを3〜4cmに折って刺し(写真e)、180℃のオーブンで12分間焼く。

＊ りんごを包むのが難しければ量を減らします。

a

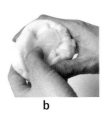
b

c

d

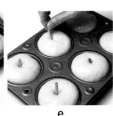
e

つぼみのような形がキュート！
コーングリッツのプチプチ感も魅力です。

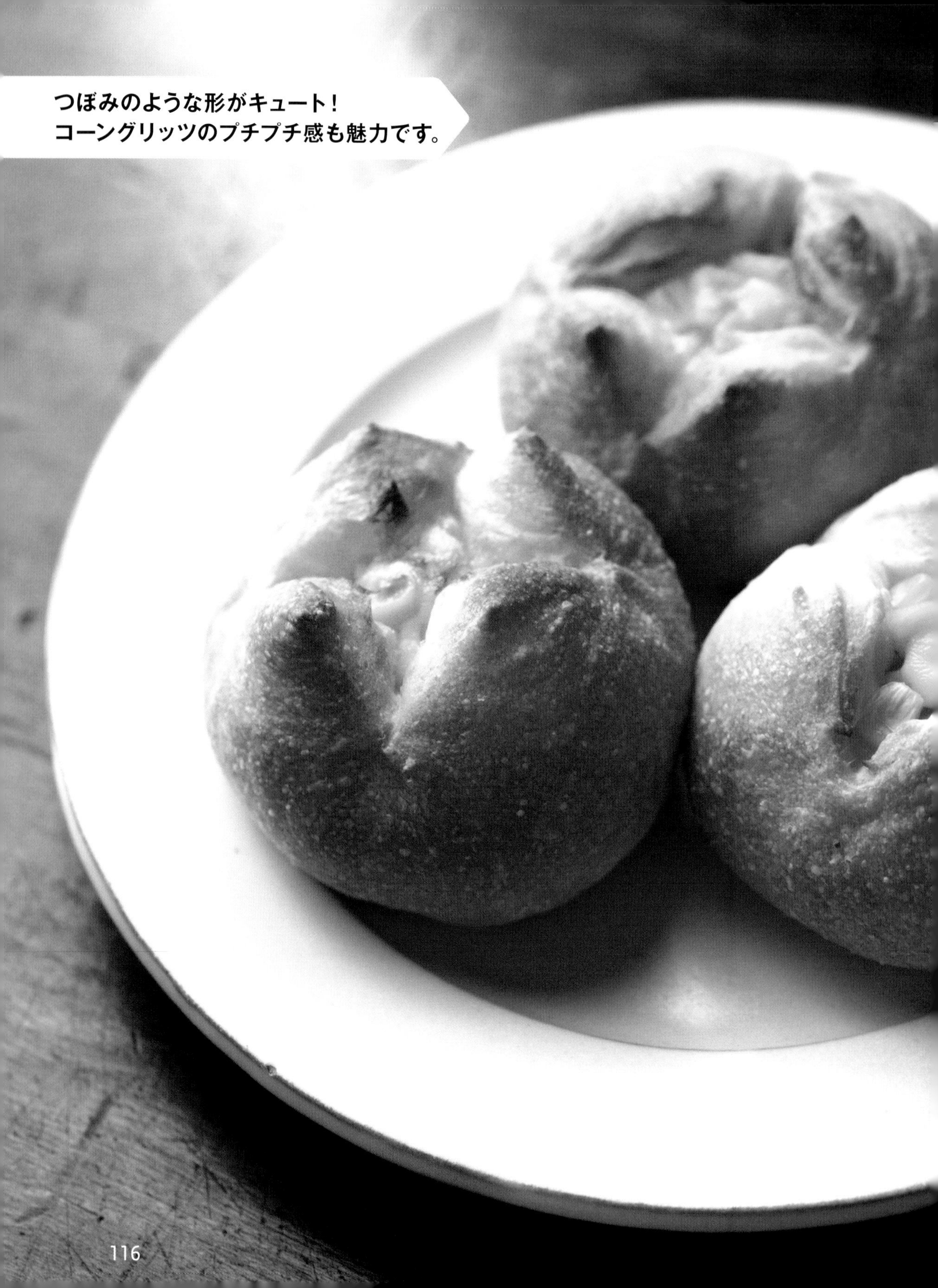

コーンマヨパン

材料（6個分）	用意するもの	オーブン

A 強力粉 … 160g
　コーングリッツ（→p.10）… 20g
　砂糖 … 8g
　塩 … 2g
　冷水 … 110g
　バター … 15g

ドライイースト … 2.0g

コーン（缶・汁をきる）… 60g
マヨネーズ … 適量

打ち粉（強力粉）、カード、
スケール、ラップ、めん棒、
クッキングシート、ハサミ

＊180℃に予熱する

作り方

❶ パンケースに**A**を入れて本体にセットし、イーストを容器に入れる。**メニュー15** パン生地 を選択し、スタートする。

❷ 打ち粉をした台に、手粉をつけて生地を取り出し、軽く押してガス抜きし、カードで6分割し（1個約50g・写真**a**）、丸める。ラップをふんわりかけて室温で10分間休ませる（写真**b**）。

❸ 打ち粉をし、生地をめん棒で直径9〜10cmにのばし、コーンを包むように成形し（写真**c**）、つまんでとじる（写真**d**）。クッキングシートを敷いた天板にとじ目を下にして並べ、ラップをふんわりかけて二次発酵（→p.97・35℃/30分）させる。

❹ 上面の中心から十字にハサミで切り込みを入れ（写真**e**）、そこにマヨネーズを絞り、180℃のオーブンで12分間焼く。

a　　　　　　　　　b

c

d　　　　　　　　　e

牛乳たっぷりのパンに甘いミルククリーム。
大人にも子どもにも人気絶大です。

ミルクフランス

PART 5 成形するパン

材料（4本分）	用意するもの	オーブン

A 強力粉 … 160g
　砂糖 … 5g
　塩 … 2g
　牛乳 … 105g
　バター … 40g

ドライイースト … 1.5g

B バター（室温）… 35g
　粉糖 … 12g
　コンデンスミルク … 23g

打ち粉（強力粉）、カード、
スケール、ラップ、めん棒、
クッキングシート、絞り袋、
ハサミ

＊190℃に予熱する

作り方

1 パンケースにAを入れて本体にセットし、イーストを容器に入れる。**メニュー15** パン生地 を選択し、スタートする。

2 打ち粉をした台に、手粉をつけて生地を取り出し、軽く押してガス抜きし、カードで4分割する（1個約65g）。手前からゆるく巻き、巻き終わりを上にして90度回してさらにひと巻きする（写真a）。ラップをふんわりかけて室温で10分間休ませる。

3 打ち粉をし、めん棒で横15cmにのばして巻き（写真b）、巻き終わりをとじ、転がして形を整える（写真c）。クッキングシートを敷いた天板にとじ目を下にして並べ、ラップをふんわりかけて二次発酵（→p.97・35℃/30分）させる。

4 190℃のオーブンで13分間焼く。その間にボウルにBのバターを入れて、粉糖、コンデンスミルクの順に加えながらよくすり混ぜ、絞り袋に詰めて冷蔵庫に入れる。

5 パンが冷めたら、上部にハサミで切り込みを入れる（写真d）。**4**の袋の先を1cm弱切り、クリームを絞る（写真e）。クリームが硬いときは、室温に5〜10分間おいてから絞る。

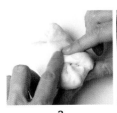    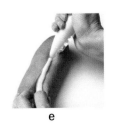

a　　　b　　　c　　　d　　　e

牛乳のやさしい味がする、ふわっと軽いパン。
切り込みがユニークな形を作ります。

ミルクハース

材料(2個分)	用意するもの	オーブン
A 強力粉 … 180g	打ち粉(強力粉)、カード、	＊200℃に予熱する
砂糖 … 8g	スケール、ラップ、めん棒、	
塩 … 3g	クッキングシート、茶こし、	
牛乳 … 115g	ナイフ	
溶き卵 … 15g		
バター … 20g		
ドライイースト … 2.0g		

準備
クッキングシートを30×15cm2枚に切る。

作り方

❶ パンケースに**A**を入れて本体にセットし、イーストを容器に入れる。**メニュー15** パン生地 を選択し、スタートする。

❷ 打ち粉をした台に、手粉をつけて生地を取り出し、軽く押してガス抜きし、カードで2分割する(1個約165g)。ゆるく巻き、巻き終わりを上にしてさらにひと巻きし、ラップをふんわりかけて室温で10分間休ませる(写真**a**)。

❸ 打ち粉をし、めん棒で13×16cmに伸ばし(写真**b**)、横長に置いて手前から巻き、巻き終わりをつまんでとじる(写真**c**)。

❹ とじ目を下にし、1個ずつクッキングシートにのせて天板に移し(写真**d**)、ラップをふんわりかけて二次発酵(→p.97・35℃/30分)させる。

❺ クッキングシートごと天板から取り出し、茶こしで打ち粉をふる。生地の手前下からナイフでクープ(切り目)を5本、平行に深めに入れる(写真**e**)。天板に戻し、200℃のオーブンで16分間焼く。

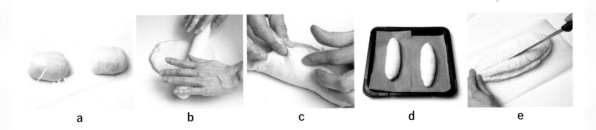

a b c d e

短時間で作れるパン

ホームベーカリーで生地を作りますが、成形するパン（→p.94〜121）のように
二次発酵をさせる必要がありません。
思いついたら短時間で作れ、お手軽だけど本格派の味です。

ピザ生地2種

ふわっとして食べごたえのあるパンタイプと薄くて香ばしいクリスピータイプ。

パンタイプ

材料(2枚分)
A 準強力粉 … 220g
　塩 … 4g
　冷水 … 145g

ドライイースト … 2.0g

用意するもの／打ち粉(準強力粉)、カード、ラップ、
　　めん棒、クッキングシート
オーブン／200℃に予熱する

作り方

❶ パンケースに**A**を入れて本体にセット
し、イーストを容器に入れる。**メニュー15**
　パン生地　を選択し、スタートする。

❷ 打ち粉をした台に、手粉をつけて生地を
取り出し、カードで2分割し、軽く丸形にす
る。

❸ 直径23cmほどにのばし、クッキングシー
トを敷いた天板にのせ、ラップをふんわりか
けて予熱中のオーブンのそばで15分間おく。

❹ 好みの具材をのせ、200℃のオーブンで
12〜15分間焼く。

＊ 厚みのあるしっかりした生地なので、トマトソース
も具材もチーズもたっぷり！がおすすめ。

クリスピータイプ

材料(2枚分)
A 準強力粉 … 200g
　塩 … 4g
　冷水 … 130g

ドライイースト … 1.0g

用意するもの／打ち粉(準強力粉)、カード、ラップ、
　　めん棒、クッキングシート
オーブン／最高温度で天板を入れて予熱する

作り方

❶ パンケースに**A**を入れて本体にセット
し、イーストを容器に入れる。**メニュー15**
　パン生地　を選択し、スタートする。

❷ 打ち粉をした台に、手粉をつけて生地を
取り出し、カードで2分割し、丸める。ラッ
プをふんわりかけ、室温で10分間休ませる。

❸ 打ち粉をし、直径23cmほどにのばし、
クッキングシートにのせる。

❹ 好みの具材をのせ、最高温度のオーブン
で3〜5分間焼く。

＊ チーズとちりめんじゃこなど、水分の少ない具材に
するとカリカリの食感がより楽しめます。

パンタイプ

クリスピータイプ

グリッシーニ2種

おつまみ用のイタリアの堅焼きパン。まぶす具材や生地の配合で好みの味にして。

プレーンのグリッシーニ

材料(16〜17本分)
A 強力粉 … 200g
　砂糖 … 5g
　塩 … 2g
　冷水 … 110g
　オリーブ油 … 25g

ドライイースト … 1.0g

用意するもの／打ち粉(強力粉)、カード、
　　　　　クッキングシート
オーブン／170℃に予熱する

作り方

❶ パンケースに**A**を入れて本体にセットし、イーストを容器に入れる。**メニュー15** ［パン生地］を選択し、スタートする。

❷ 打ち粉をした台に、手粉をつけて生地を取り出し、カードで20gずつに分割する(16〜17分割)。

❸ 両手で転がして30cmくらいの長さにする。具材をつけるときは、台に具材を散らし、その上に生地を並べて転がす。

❹ クッキングシートを敷いた天板に並べ、170℃のオーブンで25分間焼き、天板をゆすって生地を転がし、さらに5分焼く。

＊ まぶす具材は岩塩、こしょう、カレー粉、ごま、クミン、パセリ、バジル、ガーリックパウダー、青のり、粉チーズ、ドライトマト、ポピーシードがおすすめ。

セモリナのグリッシーニ

材料(16〜17本分)
A 強力粉 … 155g
　デュラムセモリナ粉 … 45g
　砂糖 … 4g
　塩 … 4g
　冷水 … 120g
　オリーブ油 … 23g

ドライイースト … 1.0g

用意するもの／打ち粉(強力粉)、カード、
　　　　　クッキングシート
オーブン／170℃に予熱する

作り方

❶ パンケースに**A**を入れて本体にセットし、イーストを容器に入れる。**メニュー15** ［パン生地］を選択し、スタートする。

❷ プレーンのグリッシーニの作り方❷〜❹と同じようにする。

＊ 生ハムを巻くのがグリッシーニの定番の食べ方です。

プレーンの
グリッシーニ

セモリナの
グリッシーニ

125

ピタパン

具を詰めて食べる、中東系の平らなパン。あら不思議、焼くとプーッとふくらみます。

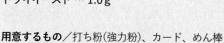

材料(6枚分)

A 強力粉 … 250g

　　砂糖 … 12g

　　塩 … 5g

　　冷水 … 150g

　　オリーブ油 … 10g

ドライイースト … 1.0g

用意するもの／打ち粉(強力粉)、カード、めん棒

作り方

❶ パンケースに **A** を入れて本体にセットし、イーストを容器に入れる。**メニュー15** ［**パン生地**］を選択し、スタートする。

❷ 打ち粉をした台に、手粉をつけて生地を取り出し、軽く押してガス抜きし、カードで6分割し、丸める。ラップをふんわりかけ、室温で10分間休ませる。

❸ 直径14〜15cmに伸ばす。

❹ フライパンで1枚ずつ焼く。弱火で両面を焼いたら強火にし、ふくらんで空洞ができるまで焼く(写真**a**)。

＊ ピタパンを半分に切って具材を詰め、マヨネーズなどを絞ります。具材は何でもよいのですが、コロッケなどの揚げ物と生野菜、ハーブがよく合います。

a

松尾美香 まつおみか

“自家製酵母パン教室オランジュリー”主宰。
ル・コルドン・ブルーでディプロムを取得した後、シニフィアンシニフィエでシェフより学ぶ。
パン教室は通信講座も開講し、海外の受講者も多い。
著書に『家庭用オーブンで誰でも作れる　日本一やさしい本格パン作りの教科書』(秀和システム)がある。

http://orangerie-brave.com/

撮影　　石井宏明
ブックデザイン　若山美樹(L'espace)
調理アシスタント　山口弘子　平川千秋
校正　　堀江圭子
編集制作・スタイリング　野澤幸代(MILLENNIUM)
企画・編集　川上裕子(成美堂出版編集部)

撮影協力　パナソニック https://panasonic.jp/
　　　　　UTUWA
材料協力　TOMIZ (富澤商店) https://tomiz.com/

ホームベーカリーの大活躍レシピ

著　者　松尾美香
まつおみか

発行者　深見公子

発行所　成美堂出版
〒162-8445　東京都新宿区新小川町1-7
電話(03)5206-8151　FAX(03)5206-8159

印　刷　凸版印刷株式会社

©SEIBIDO SHUPPAN 2021　PRINTED IN JAPAN
ISBN978-4-415-33039-6
落丁・乱丁などの不良本はお取り替えします
定価はカバーに表示してあります